Editor
Karen Tam Froloff

Managing Editor
Karen J. Goldfluss, M.S. Ed.

Editor-in-Chief
Sharon Coan, M.S. Ed.

Cover Artist
Barb Lorseyedi

Art Coordinator
Kevin Barnes

Art Director
CJae Froshay

Imaging
Alfred Lau
James Edward Grace

Product Manager
Phil Garcia

Publisher
Mary D. Smith, M.S. Ed.

Practice Makes Perfect

TCR 3322

Multi...

GRADE 4

Includes practice
for Standardized Tests

Teacher Created Resources

D0536375

Author

Robert Smith

Education Station
www.educationstation.ca
1-877-TEACH 'EM
1-877-832-2436

Teacher Created Resources, Inc.
6421 Industry Way
Westminster, CA 92683
www.teachercreated.com

ISBN: 978-0-7439-3322-3

©2002 Teacher Created Resources, Inc.
Reprinted, 2015
Made in U.S.A.

Table of Contents

Introduction

The old adage "practice makes perfect" can really hold true for your child and his or her education. The more practice your child has with concepts being taught in school, the more success he or she is likely to find. For many parents, knowing how to help their children can be frustrating because the resources may not be readily available. As a parent it is also difficult to know where to focus your efforts so that the extra practice your child receives at home supports what he or she is learning in school.

This book has been designed to help parents and teachers reinforce basic skills with their children. *Practice Makes Perfect* reviews basic math skills for children in grade 4. The math focus is on multiplication. While it would be impossible to include in this book all concepts taught in grade 4, the following basic objectives are reinforced through practice exercises. These objectives support math standards established on a district, state, or national level. (Refer to the Table of Contents for the specific objectives of each practice page.)

- Using a multiplication chart
- Identifying multiplication as repeated addition
- Multiplying by digits 0 through 12
- Finding missing factors
- Multiplying with three factors
- Multiplying with one-digit multipliers and two-digit multiplicands (with and without regrouping)
- Multiplying with one-digit multipliers and three-digit multiplicands
- Multiplying by 10 and multiples of 10

- Multiplying with two- and three-digit multipliers (with and without regrouping)
- Using multiplication in simple word problems
- Using multiplication to find the area of rectangles
- Using multiplication with money

There are 36 practice pages organized sequentially by objectives, so children can build their knowledge from more basic to higher-level math skills. Following the practice pages are six test practices. These provide children with multiple-choice test items to help prepare them for standardized tests administered in schools. As your child completes each test, he or she should fill in the correct bubbles on the answer sheet (page 46). To correct the test pages and the practice pages in this book, use the answer key provided on pages 47 and 48.

How to Make the Most of This Book

Here are some useful ideas for optimizing the practice pages in this book:

- Set aside a specific place in your home to work on the practice pages.
- Set up a certain time of day to work on the practice pages. This will establish consistency. An alternative is to look for times in your day or week that are less hectic and more conducive to practicing skills.
- Keep all practice sessions with your child positive and constructive. If the mood becomes tense, or you and your child are frustrated, set the book aside and look for another time to practice with your child.
- Remove the answer key and keep it for your own use.
- Help with instructions, if necessary. If your child is having difficulty understanding what to do, work some problems through with him or her.
- Review the work your child has done. This serves as reinforcement and checks understanding.
- Allow your child to use whatever writing instruments he or she prefers. For example, colored pencils can add variety and pleasure to drill work.
- Pay attention to the areas in which your child has the most difficulty. Provide extra guidance and exercises in those areas. Allowing children to use drawings and manipulatives, such as coins, tiles, game markers, or flash cards, can help them grasp difficult concepts more easily.
- Look for ways to make real-life application to the skills being reinforced.

Practice 1

The multiplication chart shown here can be used to find any basic multiplication fact until you have learned them all.

One of the best ways to learn the facts is to practice using the chart.

Rows	1	2	3	4	5	6	7	8	9	10	11	12
1	1	2	3	4	5	6	7	8	9	10	11	12
2	2	4	6	8	10	12	14	16	18	20	22	24
3	3	6	9	12	15	18	21	24	27	30	33	36
4	4	8	12	16	20	24	28	32	36	40	44	48
5	5	10	15	20	25	30	35	40	45	50	55	60
6	6	12	18	24	30	36	42	48	54	60	66	72
7	7	14	21	28	35	42	49	56	63	70	77	84
8	8	16	24	32	40	48	56	64	72	80	88	96
9	9	18	27	36	45	54	63	72	81	90	99	108
10	10	20	30	40	50	60	70	80	90	100	110	120
11	11	22	33	44	55	66	77	88	99	110	121	132
12	12	24	36	48	60	72	84	96	108	120	132	144

Read **down** for the **Columns**.

Read **across** for the **Rows**.

Note: To find 8 times 7, run one finger down the 8 column and a finger on the other hand across the 7 row until they meet. The answer is the number 56 where the row and column intersect (meet).

Directions: Use the chart to do these problems.

1. 5 x 7	**2.** 7 x 4	**3.** 4 x 6	**4.** 9 x 3
5. 7 x 3	**6.** 5 x 6	**7.** 9 x 4	**8.** 4 x 5

Practice 2

Directions: Add each of these problems. Look for the pattern.

1.
```
   7
   7
   7
 + 7
───
```

2.
```
   5
   5
   5
   5
   5
 + 5
───
```

3.
```
   4
   4
   4
   4
 + 4
───
```

4.
```
   8
   8
 + 8
───
```

5. 9 + 9 + 9 + 9 = _____

6. 7 + 7 + 7 + 7 + 7 = _____

7.
```
   9
   9
   9
   9
   9
 + 9
───
```

8.
```
   6
   6
   6
   6
   6
   6
 + 6
───
```

9.
```
   3
   3
   3
   3
   3
 + 3
───
```

10.
```
   8
   8
   8
   8
   8
   8
   8
 + 8
───
```

11. 8 + 8 + 8 + 8 + 8 = _____

12. 11 + 11 + 11 + 11 = _____

13.
```
   4
   4
   4
   4
   4
   4
 + 4
───
```

14.
```
   5
   5
   5
   5
   5
   5
 + 5
───
```

15.
```
   6
   6
   6
   6
   6
   6
   6
 + 6
───
```

16.
```
   11
   11
   11
   11
   11
   11
   11
   11
 + 11
────
```

Practice 3

Directions: Do these problems. Use your multiplication chart if you need help.

1. 5 x 3	**2.** 4 x 5	**3.** 3 x 4	**4.** 1 x 4
5. 7 x 4	**6.** 6 x 5	**7.** 9 x 1	**8.** 5 x 5
9. 9 x 0	**10.** 6 x 3	**11.** 4 x 0	**12.** 7 x 1
13. 8 x 1	**14.** 7 x 2	**15.** 7 x 3	**16.** 10 x 1
17. 9 x 0	**18.** 6 x 0	**19.** 5 x 2	**20.** 9 x 2
21. 8 x 5	**22.** 9 x 5	**23.** 9 x 10	**24.** 3 x 10

25. 9 x 4 = _____   **26.** 6 x 4 = _____   **27.** 8 x 4 = _____

28. 7 x 3 = _____   **29.** 9 x 2 = _____   **30.** 10 x 1 = _____

31. Any number times 0 = _____   **32.** Any number times 1 = _____

Practice 4

Directions: Do these problems. Use your multiplication chart if you need help.

1. 5 x 6	**2.** 9 x 6	**3.** 8 x 7	**4.** 2 x 7
5. 5 x 8	**6.** 7 x 8	**7.** 9 x 9	**8.** 6 x 9
9. 5 x 6	**10.** 3 x 6	**11.** 5 x 11	**12.** 9 x 11
13. 4 x 12	**14.** 9 x 12	**15.** 5 x 6	**16.** 10 x 6

17. 12 x 8 = _____

18. 11 x 8 = _____

19. 12 x 11 = _____

20. 7 x 9 = _____

21. 9 x 12 = _____

22. 8 x 9 = _____

23. 8 x 1 = _____

24. 10 x 9 = _____

25. 12 x 6 = _____

26. 9 x 9 = _____

27. 6 x 9 = _____

28. 9 x 11 = _____

Practice 5

Directions: Do these problems. Use your multiplication chart, if needed.

1.
$$\begin{array}{r} 8 \\ \times\ 9 \\ \hline \end{array}$$

2.
$$\begin{array}{r} 7 \\ \times\ 5 \\ \hline \end{array}$$

3.
$$\begin{array}{r} 5 \\ \times\ 7 \\ \hline \end{array}$$

4.
$$\begin{array}{r} 11 \\ \times\ 7 \\ \hline \end{array}$$

5.
$$\begin{array}{r} 11 \\ \times\ 6 \\ \hline \end{array}$$

6.
$$\begin{array}{r} 4 \\ \times\ 2 \\ \hline \end{array}$$

7.
$$\begin{array}{r} 8 \\ \times\ 0 \\ \hline \end{array}$$

8.
$$\begin{array}{r} 6 \\ \times\ 9 \\ \hline \end{array}$$

9.
$$\begin{array}{r} 8 \\ \times\ 5 \\ \hline \end{array}$$

10.
$$\begin{array}{r} 0 \\ \times\ 11 \\ \hline \end{array}$$

11.
$$\begin{array}{r} 5 \\ \times\ 6 \\ \hline \end{array}$$

12.
$$\begin{array}{r} 7 \\ \times\ 7 \\ \hline \end{array}$$

13.
$$\begin{array}{r} 5 \\ \times\ 8 \\ \hline \end{array}$$

14.
$$\begin{array}{r} 7 \\ \times\ 9 \\ \hline \end{array}$$

15.
$$\begin{array}{r} 4 \\ \times\ 7 \\ \hline \end{array}$$

16.
$$\begin{array}{r} 4 \\ \times\ 6 \\ \hline \end{array}$$

17.
$$\begin{array}{r} 3 \\ \times\ 10 \\ \hline \end{array}$$

18.
$$\begin{array}{r} 5 \\ \times\ 5 \\ \hline \end{array}$$

19.
$$\begin{array}{r} 7 \\ \times\ 4 \\ \hline \end{array}$$

20.
$$\begin{array}{r} 12 \\ \times\ 6 \\ \hline \end{array}$$

21. 9 x 11 = _____

22. 6 x 11 = _____

23. 12 x 5 = _____

24. 8 x 12 = _____

25. 11 x 10 = _____

26. 6 x 9 = _____

27. 5 x 11 = _____

28. 7 x 12 = _____

29. 6 x 12 = _____

Practice 6

Directions: Do these problems. Use your multiplication chart, if needed.

1. 8
    x 8

2. 4
    x 10

3. 5
    x 10

4. 7
    x 1

5. 8
    x 10

6. 12
    x 9

7. 7
    x 6

8. 7
    x 7

9. 7
    x 9

10. 12
    x 3

11. 5
    x 8

12. 4
    x 8

13. 9
    x 8

14. 8
    x 12

15. 12
    x 10

16. 9
    x 9

17. 8
    x 7

18. 9
    x 8

19. 8
    x 8

20. 9
    x 1

21. 11 x 9 = _____

22. 7 x 3 = _____

23. 8 x 0 = _____

24. 5 x 11 = _____

25. 8 x 7 = _____

26. 0 x 9 = _____

27. 7 x 12 = _____

28. 12 x 5 = _____

29. 2 x 9 = _____

30. 11 x 3 = _____

31. 12 x 2 = _____

32. 6 x 9 = _____

Practice 7

Directions: Fill in the missing factors. Use your multiplication chart, if needed.

1. 8 x _____ = 64

2. 9 x _____ = 81

3. 6 x _____ = 24

4. 6 x _____ = 48

5. _____ x 7 = 77

6. 9 x _____ = 36

7. 4 x _____ = 44

8. 7 x _____ = 42

9. _____ x 11 = 66

10. _____ x 9 = 72

11. _____ x 10 = 50

12. 7 x _____ = 84

13. 12 x _____ = 48

14. _____ x 8 = 64

15. _____ x 9 = 99

16. _____ x 8 = 48

17. 11 x _____ = 55

18. 9 x _____ = 63

19. 9
    x___
     63

20. 11
    x___
     44

21. 9
    x___
     54

22. 6
    x___
     54

23. 10
    x___
     80

24. 12
    x___
     60

25. 4
    x___
     48

26. 7
    x___
     63

Practice 8

Directions: Compute the answer to each problem by multiplying two of the factors. Then multiply that product by the third factor. The first one has been done for you.

1. 3 x 4 x 5 =
  3 x 4 = 12
  12 x 5 = 60

  Answer: _____

2. 4 x 2 x 5 =
  4 x 2 = 8
  8 x 5 =

  Answer: _____

3. 5 x 6 x 4 =
  5 x 6 =
  30 x 4 =

  Answer: _____

4. 4 x 6 x 3 =

  Answer: _____

5. 6 x 5 x 3 =

  Answer: _____

6. 4 x 9 x 2 =

  Answer: _____

7. 7 x 4 x 2 =

  Answer: _____

8. 9 x 8 x 2 =

  Answer: _____

9. 10 x 5 x 3 =

  Answer: _____

10. 5 x 3 x 8 =

  Answer: _____

11. 6 x 10 x 4 =

  Answer: _____

12. 5 x 8 x 8 =

  Answer: _____

13. 7 x 8 x 5 =

  Answer: _____

14. 5 x 7 x 2 =

  Answer: _____

15. 8 x 6 x 10 =

  Answer: _____

Practice 9

Directions: Do these problems. Use your multiplication chart, if needed. The first one has been done for you.

1.   14
   x 2
   28
	2. 15
	   x 2
		3. 12
		   x 4
			4. 22
			   x 3

5.   11
   x 9
	6. 34
	   x 2
		7. 52
		   x 4
			8. 64
			   x 1

9.   60
   x 9
	10. 72
	   x 4
		11. 61
		   x 9
			12. 93
			   x 3

13.   33
   x 3
	14. 25
	   x 2
		15. 52
		   x 4
			16. 71
			   x 9

17.   64
   x 2
	18. 83
	   x 3
		19. 34
		   x 2
			20. 61
			   x 7

21.   60
   x 7
	22. 40
	   x 9
		23. 80
		   x 6
			24. 90
			   x 9

Practice 10

Directions: Do these problems. Use your multiplication chart, if needed. The first one has been done for you.

1.
```
  1
  43
x  6
 258
```

2.
```
  64
x  5
```

3.
```
  25
x  5
```

4.
```
  35
x  7
```

5.
```
  78
x  5
```

6.
```
  37
x  9
```

7.
```
  88
x  6
```

8.
```
  36
x  2
```

9.
```
  77
x  7
```

10.
```
  93
x  3
```

11.
```
  66
x  7
```

12.
```
  87
x  9
```

13.
```
  47
x  8
```

14.
```
  89
x  9
```

15.
```
  28
x  4
```

16.
```
  56
x  7
```

17. 33 x 7 = _____

18. 99 x 9 = _____

19. 65 x 7 = _____

20. 77 x 4 = _____

Practice 11

Directions: Do these problems. Use your multiplication chart, if needed. The first one has been done for you.

1.
```
   8
  89
x  9
 801
```

2.
```
  97
x  7
```

3.
```
  73
x  8
```

4.
```
  59
x  3
```

5.
```
  46
x  7
```

6.
```
  76
x  3
```

7.
```
  19
x  4
```

8.
```
  57
x  3
```

9.
```
  91
x  8
```

10.
```
  61
x  9
```

11.
```
  82
x  5
```

12.
```
  73
x  6
```

13.
```
  54
x  6
```

14.
```
  87
x  7
```

15.
```
  76
x  5
```

16.
```
  38
x  8
```

17.
```
  66
x  6
```

18.
```
  88
x  8
```

19.
```
  55
x  5
```

20.
```
  33
x  3
```

21. 83 x 9 = _____

22. 64 x 8 = _____

Practice 12

Directions: Do these problems. Use your multiplication chart, if needed. The first one is done for you.

1.
```
   32
  543
x   7
─────
3,801
```

2.
```
 234
x  6
```

3.
```
 435
x  2
```

4.
```
 986
x  5
```

5.
```
 334
x  7
```

6.
```
 761
x  4
```

7.
```
 433
x  5
```

8.
```
 931
x  6
```

9.
```
 782
x  9
```

10.
```
 607
x  6
```

11.
```
 909
x  7
```

12.
```
 708
x  7
```

13.
```
 808
x  7
```

14.
```
 305
x  3
```

15.
```
 604
x  9
```

16.
```
 617
x  8
```

17.
```
 415
x  9
```

18.
```
 314
x  5
```

Practice 13

Directions: Do these problems. Use your multiplication chart, if needed. The first one has been done for you.

1.
```
    11
   498
 x   2
   996
```

2.
```
   718
 x   4
```

3.
```
   553
 x   7
```

4.
```
   222
 x   4
```

5.
```
   444
 x   4
```

6.
```
   666
 x   4
```

7.
```
   805
 x   6
```

8.
```
   615
 x   8
```

9.
```
   339
 x   2
```

10.
```
   333
 x   3
```

11.
```
   666
 x   3
```

12.
```
   999
 x   3
```

13. 999 x 9 = _____

14. 888 x 8 = _____

15. 709 x 7 = _____

16. 605 x 7 = _____

Practice 14

Directions: Do these problems. Use your multiplication chart, if needed. The first one has been done for you.

1.
```
   421
  4532
x    8
36,256
```

2.
```
  7654
x    5
```

3.
```
  3475
x    3
```

4.
```
  3892
x    6
```

5.
```
  2345
x    4
```

6.
```
  8843
x    7
```

7.
```
  3344
x    6
```

8.
```
  4433
x    6
```

9.
```
  4334
x    6
```

10.
```
  4013
x    5
```

11.
```
  5709
x    8
```

12.
```
  6070
x    9
```

13. 4444 x 4 = _____

14. 5555 x 5 = _____

15. 6666 x 6 = _____

16. 7777 x 7 = _____

Practice 15

Directions: Do these problems. Use your multiplication chart, if needed. The first two have been done for you.

1.
$$\begin{array}{r} 43 \\ \times\ 10 \\ \hline 430 \end{array}$$

2.
$$\begin{array}{r} 25 \\ \times\ 10 \\ \hline 250 \end{array}$$

3.
$$\begin{array}{r} 32 \\ \times\ 10 \\ \hline \end{array}$$

4.
$$\begin{array}{r} 17 \\ \times\ 10 \\ \hline \end{array}$$

5.
$$\begin{array}{r} 76 \\ \times\ 10 \\ \hline \end{array}$$

6.
$$\begin{array}{r} 19 \\ \times\ 10 \\ \hline \end{array}$$

7.
$$\begin{array}{r} 48 \\ \times\ 10 \\ \hline \end{array}$$

8.
$$\begin{array}{r} 96 \\ \times\ 10 \\ \hline \end{array}$$

9.
$$\begin{array}{r} 40 \\ \times\ 10 \\ \hline \end{array}$$

10.
$$\begin{array}{r} 60 \\ \times\ 10 \\ \hline \end{array}$$

11.
$$\begin{array}{r} 90 \\ \times\ 10 \\ \hline \end{array}$$

12.
$$\begin{array}{r} 80 \\ \times\ 10 \\ \hline \end{array}$$

13.
$$\begin{array}{r} 65 \\ \times\ 10 \\ \hline \end{array}$$

14.
$$\begin{array}{r} 86 \\ \times\ 10 \\ \hline \end{array}$$

15.
$$\begin{array}{r} 53 \\ \times\ 10 \\ \hline \end{array}$$

16.
$$\begin{array}{r} 29 \\ \times\ 10 \\ \hline \end{array}$$

17.
$$\begin{array}{r} 76 \\ \times\ 10 \\ \hline \end{array}$$

18.
$$\begin{array}{r} 18 \\ \times\ 10 \\ \hline \end{array}$$

19.
$$\begin{array}{r} 77 \\ \times\ 10 \\ \hline \end{array}$$

20.
$$\begin{array}{r} 99 \\ \times\ 10 \\ \hline \end{array}$$

21. $79 \times 10 = $ _____

22. $69 \times 10 = $ _____

23. $73 \times 10 = $ _____

24. $38 \times 10 = $ _____

Practice 16

Directions: Do these problems. Use your multiplication chart, if needed. The first one has been done for you.

1. 42
    x 30
    1,260

2. 24
    x 30

3. 15
    x 40

4. 31
    x 20

5. 19
    x 20

6. 73
    x 30

7. 22
    x 60

8. 43
    x 40

9. 44
    x 50

10. 16
    x 90

11. 22
    x 30

12. 71
    x 60

13. 27
    x 30

14. 63
    x 80

15. 45
    x 40

16. 83
    x 60

17. 87
    x 40

18. 26
    x 60

19. 18
    x 80

20. 37
    x 70

21. 44 x 40 = _____

22. 33 x 90 = _____

23. 20 x 80 = _____

24. 50 x 40 = _____

Practice 17

Directions: Do these problems. Use your multiplication chart, if needed. The first two have been done for you.

1. 233 x 10 2,330	**2.** 543 x 10 5,430	**3.** 973 x 10	**4.** 651 x 10
5. 765 x 10	**6.** 439 x 10	**7.** 443 x 10	**8.** 266 x 10
9. 800 x 10	**10.** 500 x 10	**11.** 900 x 10	**12.** 300 x 10
13. 360 x 10	**14.** 450 x 10	**15.** 190 x 10	**16.** 870 x 10

17. 316 x 10 = _____

18. 807 x 10 = _____

19. 400 x 10 = _____

20. 930 x 10 = _____

Practice 18

Directions: Do these problems. Use your multiplication chart, if needed. The first one has been done for you.

1.
$$
\begin{array}{r}
1 \\
423 \\
\times\ 40 \\
\hline
16{,}920
\end{array}
$$

2.
$$
\begin{array}{r}
231 \\
\times\ 50 \\
\hline
\end{array}
$$

3.
$$
\begin{array}{r}
321 \\
\times\ 60 \\
\hline
\end{array}
$$

4.
$$
\begin{array}{r}
116 \\
\times\ 30 \\
\hline
\end{array}
$$

5.
$$
\begin{array}{r}
511 \\
\times\ 40 \\
\hline
\end{array}
$$

6.
$$
\begin{array}{r}
317 \\
\times\ 30 \\
\hline
\end{array}
$$

7.
$$
\begin{array}{r}
419 \\
\times\ 40 \\
\hline
\end{array}
$$

8.
$$
\begin{array}{r}
832 \\
\times\ 40 \\
\hline
\end{array}
$$

9.
$$
\begin{array}{r}
800 \\
\times\ 50 \\
\hline
\end{array}
$$

10.
$$
\begin{array}{r}
600 \\
\times\ 60 \\
\hline
\end{array}
$$

11.
$$
\begin{array}{r}
400 \\
\times\ 40 \\
\hline
\end{array}
$$

12.
$$
\begin{array}{r}
900 \\
\times\ 30 \\
\hline
\end{array}
$$

13.
$$
\begin{array}{r}
509 \\
\times\ 30 \\
\hline
\end{array}
$$

14.
$$
\begin{array}{r}
708 \\
\times\ 70 \\
\hline
\end{array}
$$

15.
$$
\begin{array}{r}
804 \\
\times\ 70 \\
\hline
\end{array}
$$

16.
$$
\begin{array}{r}
606 \\
\times\ 60 \\
\hline
\end{array}
$$

17.
$$
\begin{array}{r}
430 \\
\times\ 30 \\
\hline
\end{array}
$$

18.
$$
\begin{array}{r}
670 \\
\times\ 40 \\
\hline
\end{array}
$$

19.
$$
\begin{array}{r}
980 \\
\times\ 40 \\
\hline
\end{array}
$$

20.
$$
\begin{array}{r}
450 \\
\times\ 80 \\
\hline
\end{array}
$$

Practice 19

Directions: Compute the answer to each problem by multiplying two of the factors. Then multiply that product by the third factor. The first one has been done for you.

1. 20 x 30 x 40 =

     20 x 30 = <u>600</u>

     600 x 40 = <u>24,000</u>

     Answer: <u>24,000</u>

2. 50 x 30 x 10 =

     50 x 30 = _____

     1500 x 10 = _____

     Answer: _____

3. 60 x 30 x 20 =

     60 x 30 = _____

     _____

     Answer:_____

4. 50 x 40 x 20 =

     50 x 40 = _____

     _____

     Answer:_____

5. 70 x 40 x 20 =

     _____

     _____

     Answer:_____

6. 80 x 60 x 30 =

     _____

     _____

     Answer:_____

7. 70 x 90 x 30 =

     _____

     _____

     Answer:_____

8. 60 x 60 x 70 =

     _____

     _____

     Answer:_____

9. 90 x 80 x 70 =

     _____

     _____

     Answer:_____

10. 70 x 80 x 90 =

     _____

     _____

     Answer:_____

Practice 20

Directions: Do these problems. Use your multiplication chart, if needed. The first one has been done for you.

1.	34 x 100 **3,400**	**2.**	17 x 100	**3.**	28 x 100	**4.**	14 x 100
5.	19 x 100	**6.**	66 x 100	**7.**	13 x 100	**8.**	71 x 100
9.	300 x 100	**10.**	900 x 100	**11.**	500 x 100	**12.**	700 x 100
13.	381 x 100	**14.**	648 x 100	**15.**	817 x 100	**16.**	911 x 100
17.	222 x 100	**18.**	444 x 100	**19.**	666 x 100	**20.**	888 x 100

21. 5060 x 100 = _____

22. 7160 x 100 = _____

23. 1600 x 100 = _____

24. 2800 x 100 = _____

Practice 21

Directions: Do these problems. Use your multiplication chart, if needed. The first two have been done for you.

1. 19 x 1000 ——— 19,000	**2.** 33 x 1000 ——— 33,000	**3.** 27 x 1000 ————	**4.** 24 x 1000 ————

5. 68 x 1000	**6.** 44 x 1000	**7.** 712 x 1000	**8.** 282 x 1000

9. 654 x 1000	**10.** 800 x 1000	**11.** 700 x 1000	**12.** 307 x 1000

13. 3311 x 1000 = _____   **14.** 2078 x 1000 = _____

15. What is the product of 4090 and 1000? _____

16. What is 1000 times 4556? _____

Practice 22

Directions: Do these problems. Use your multiplication chart, if needed. The first two have been done for you.

1. 23 x 21 23 + 460 483	**2.** 29 x 11 29 + 290 319	**3.** 12 x 14	**4.** 12 x 22

5. 91 x 17	**6.** 72 x 44	**7.** 53 x 32	**8.** 43 x 22

9. 40 x 29	**10.** 70 x 56	**11.** 60 x 79	**12.** 50 x 45

13. 71 x 49	**14.** 82 x 44	**15.** 62 x 34	**16.** 91 x 79

17. 66 x 11 = _____   **18.** 77 x 11 = _____

19. 22 x 41 = _____   **20.** 61 x 49 = _____

Practice 23

Directions: Do these problems. Use your multiplication chart, if needed. The first one has been done for you.

1.
```
     81
   x 99
   ─────
    729
 + 7,290
 ───────
   8,019
```

2.
```
   56
 x 11
 ─────
```

3.
```
   21
 x 79
 ─────
```

4.
```
   13
 x 33
 ─────
```

5.
```
   48
 x 11
 ─────
```

6.
```
   57
 x 11
 ─────
```

7.
```
   72
 x 44
 ─────
```

8.
```
   34
 x 22
 ─────
```

9.
```
   69
 x 11
 ─────
```

10.
```
   31
 x 58
 ─────
```

11.
```
   52
 x 44
 ─────
```

12.
```
   73
 x 33
 ─────
```

13.
```
   51
 x 88
 ─────
```

14.
```
   71
 x 77
 ─────
```

15.
```
   33
 x 13
 ─────
```

16.
```
   44
 x 22
 ─────
```

17. 89 x 11 = _____

18. 60 x 69 = _____

Practice 24

Directions: Do these problems. Use your multiplication chart, if needed. The first one has been done for you.

```
            1
            1
1.     53              2.      25          3.      36          4.      49
     x 54                    x 36               x 72               x 23
      212
   + 2,650
     2,862
```

```
5.      54             6.      76          7.      67          8.      45
      x 23                   x 53               x 29               x 78
```

```
9.      92            10.      87         11.      19         12.      54
      x 14                   x 72               x 91               x 54
```

```
13.     98            14.      34         15.      75         16.      52
      x 89                   x 43               x 57               x 25
```

17. 23 x 56 = _____   **18.** 67 x 78 = _____

Practice 25

Directions: Do these problems. Use your multiplication chart, if needed. The first one has been done for you.

1.
```
    2
   53
 x 29
  477
+1,060
 1,537
```

2.
```
   59
 x 38
```

3.
```
   68
 x 28
```

4.
```
   19
 x 73
```

5.
```
   63
 x 87
```

6.
```
   69
 x 52
```

7.
```
   29
 x 84
```

8.
```
   93
 x 54
```

9.
```
   33
 x 27
```

10.
```
   57
 x 63
```

11.
```
   66
 x 22
```

12.
```
   17
 x 83
```

13.
```
   30
 x 98
```

14.
```
   80
 x 76
```

15.
```
   60
 x 59
```

16.
```
   20
 x 29
```

17. 45 x 93 = _____

18. 78 x 39 = _____

Practice 26

Directions: Do these problems. Use your multiplication chart, if needed. The first one has been done for you.

```
        3
        1
1.     453          2.     94          3.     34          4.     24
      x 73              x 63              x 47              x 36
     1,359
   + 31,710
     33,069
```

```
5.      49          6.      73          7.      58          8.      27
      x 94              x 37              x 85              x 72
```

```
9.      19         10.      28         11.      37         12.      46
      x 85              x 76              x 18              x 89
```

```
13.     77         14.      76         15.      75         16.      74
      x 98              x 54              x 43              x 32
```

17. 63 x 57 = _____   **18.**   84 x 76 = _____

Practice 27

Directions: Do these problems. Use your multiplication chart, if needed. The first one has been done for you.

1.
```
   11
    1
  123
x  54
  492
+6,150
 6,642
```

2.
```
  246
x  32
```

3.
```
  322
x  65
```

4.
```
  345
x  36
```

5.
```
  827
x  39
```

6.
```
  819
x  67
```

7.
```
  234
x  89
```

8.
```
  456
x  78
```

9.
```
  678
x  56
```

10.
```
  222
x  99
```

11.
```
  333
x  88
```

12.
```
  444
x  77
```

13.
```
  507
x  49
```

14.
```
  802
x  58
```

15.
```
  401
x  38
```

Practice 28

Directions: Do these problems. Use your multiplication chart, if needed. The first one has been done for you.

1.
```
    1
    12
   347
 x  24
 1,388
+6,940
 8,328
```

2.
```
  459
x  34
```

3.
```
  325
x  42
```

4.
```
  538
x  37
```

5.
```
  729
x  55
```

6.
```
  499
x  13
```

7.
```
  403
x  32
```

8.
```
  708
x  47
```

9.
```
  109
x  63
```

10.
```
  700
x  44
```

11.
```
  500
x  28
```

12.
```
  300
x  27
```

13.
```
  830
x  51
```

14.
```
  570
x  93
```

15.
```
  440
x  72
```

Practice 29

Directions: Solve these problems. Use your multiplication chart, if needed.

1. What is the product of 45 and 40? _____

2. Brian has 44 pennies. Melissa has 18 times as many pennies. How many pennies does Melissa have? _____

3. How much is 8 times 79? _____

4. Multiply 70 by 49. _____

5. Alyssa collected 92 state quarters. Her friend, Elizabeth, collected 30 times as many state quarters. How many state quarters did Elizabeth collect? _____

6. What is the product of 77 and 93? _____

7. George has 49 trading cards. Bianca has 17 times as many cards. How many cards does Bianca have? _____

8. What is 76 times 67? _____

9. Compute the product of 89 and 76. _____

10. Multiply 234 and 19. _____

11. Calculate the product of 11 and 609. _____

Practice 30

The area of a rectangle is computed by *multiplying the length times the width* of the rectangle.

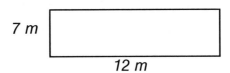

7 m

12 m

12 x 7 = 84   The area equals 84 square meters.

Directions: Calculate the area of these rectangles. The first one is started for you.

1.

8 ft.

12 ft.

Area = 8 ft. x 12 ft. = _____ sq. ft.

2.

15 yd.

13 yd.

Area = _____ sq. yd.

3.

12 m

16 m

Area = _____ sq. m

4.

20 in.

24 in.

Area = _____ sq. in.

5.

28 m

30 m

Area = _____ sq. m

6.

450 cm

600 cm

Area = _____ sq. cm

Practice 31

Directions: Do these problems. Use your multiplication chart, if needed. The first one has been done for you.

1.
```
     11
    111
   4332
 x   46
  25,992
+173,280
 199,272
```

2.
```
   4328
 x   35
```

3.
```
   3241
 x   96
```

4.
```
   3232
 x   54
```

5.
```
   4134
 x   35
```

6.
```
   2424
 x   23
```

7.
```
   2255
 x   23
```

8.
```
   4466
 x   33
```

9.
```
   9834
 x   25
```

10.
```
   3405
 x   59
```

11.
```
   5609
 x   92
```

12.
```
   5607
 x   36
```

13.
```
   3450
 x   34
```

14.
```
   7840
 x   46
```

15.
```
   8910
 x   89
```

Practice 32

Directions: Do these problems. Use your multiplication chart, if needed. The first one has been done for you.

1.
```
  222
  755
 8967
x  38
71,736
+ 269,010
 340,746
```

2.
```
 7793
x  53
```

3.
```
 8994
x  75
```

4.
```
 4848
x  44
```

5.
```
 7272
x  66
```

6.
```
 1818
x  99
```

7.
```
 9911
x  66
```

8.
```
 8822
x  44
```

9.
```
 7733
x  55
```

10.
```
 4056
x  89
```

11.
```
 7098
x  67
```

12.
```
 6041
x  56
```

13.
```
 2300
x  97
```

14.
```
 4500
x  86
```

15.
```
 8700
x  79
```

Practice 33

Directions: Do these problems. Use your multiplication chart, if needed. The first one has been done for you.

1.
```
    11
   235
 x 300
 70,500
```

2.
```
   411
 x 200
```

3.
```
   334
 x 400
```

4.
```
   354
 x 210
```

5.
```
   323
 x 340
```

6.
```
   291
 x 530
```

7.
```
   623
 x 324
```

8.
```
   346
 x 243
```

9.
```
   911
 x 135
```

10.
```
   409
 x 213
```

11.
```
   809
 x 246
```

12.
```
   705
 x 842
```

13.
```
   350
 x 223
```

14.
```
   660
 x 943
```

15.
```
   810
 x 445
```

Practice 34

Directions: Do these problems. Use your multiplication chart, if needed. The first two are started for you.

1.
```
   44
   33
  489
x 254
 1956
24450
```

2.
```
    1
  763
x 453
 2289
```

3.
```
  978
x 528
```

4.
```
  734
x 327
```

5.
```
  489
x 899
```

6.
```
  712
x 677
```

7.
```
  987
x 340
```

8.
```
  454
x 560
```

9.
```
  289
x 450
```

10.
```
  707
x 659
```

11.
```
  904
x 598
```

12.
```
  603
x 824
```

Practice 35

Directions: Do these problems. Use your multiplication chart, if needed. The first one has been started for you.

1.
```
    1
   211
  6433
x  235
 32,165
192,990
```

2.
```
  4455
x  327
```

3.
```
  4321
x  543
```

4.
```
  4678
x  458
```

5.
```
  7557
x  679
```

6.
```
  8889
x  246
```

7.
```
  3590
x  346
```

8.
```
  4500
x  749
```

9.
```
  8076
x  935
```

10.
```
  7009
x  629
```

11.
```
  8060
x  309
```

12.
```
  8005
x  780
```

Practice 36

Directions: Do these problems. Don't forget the dollar signs and the decimal points. The first one has been done for you.

1.
```
    1
  $2.31
  x   6
  ------
 $13.86
```

2.
```
  $3.29
  x   5
```

3.
```
  $4.56
  x   9
```

4.
```
  $5.23
  x   9
```

5.
```
  $9.99
  x   7
```

6.
```
  $7.98
  x   5
```

7.
```
  $9.87
  x  10
```

8.
```
  $4.59
  x  10
```

9.
```
  $6.99
  x  10
```

10.
```
  $4.57
  x  30
```

11.
```
  $7.59
  x  40
```

12.
```
  $2.93
  x  90
```

13. $1,496.43 x 70 = _____

14. $32,568.07 x 98 = _____

Test Practice 1 ⟡ ⟡ ⟡ ⟡ ⟡ ⟡ ⟡ ⟡ ⟡ ⟡ ⟡

Directions: Fill in the circle for the correct answer to each problem.

1. $\begin{array}{r} 43 \\ \times\ 4 \\ \hline \end{array}$
    - Ⓐ 1,612
    - Ⓑ 71
    - Ⓒ 172
    - Ⓓ 182

6. $\begin{array}{r} 892 \\ \times\ 3 \\ \hline \end{array}$
    - Ⓐ 2,876
    - Ⓑ 2,676
    - Ⓒ 2,976
    - Ⓓ 2,666

2. $\begin{array}{r} 37 \\ \times\ 8 \\ \hline \end{array}$
    - Ⓐ 298
    - Ⓑ 2,456
    - Ⓒ 396
    - Ⓓ 296

7. $\begin{array}{r} 457 \\ \times\ 7 \\ \hline \end{array}$
    - Ⓐ 3,299
    - Ⓑ 2,189
    - Ⓒ 3,399
    - Ⓓ 3,199

3. $\begin{array}{r} 96 \\ \times\ 5 \\ \hline \end{array}$
    - Ⓐ 485
    - Ⓑ 480
    - Ⓒ 490
    - Ⓓ 4,530

8. $\begin{array}{r} 563 \\ \times\ 9 \\ \hline \end{array}$
    - Ⓐ 5,067
    - Ⓑ 5,076
    - Ⓒ 5,167
    - Ⓓ 5,066

4. $\begin{array}{r} 28 \\ \times\ 7 \\ \hline \end{array}$
    - Ⓐ 196
    - Ⓑ 1,456
    - Ⓒ 198
    - Ⓓ 296

9. $\begin{array}{r} 4238 \\ \times\ 6 \\ \hline \end{array}$
    - Ⓐ 26,428
    - Ⓑ 25,438
    - Ⓒ 25,428
    - Ⓓ 25,482

5. $\begin{array}{r} 546 \\ \times\ 6 \\ \hline \end{array}$
    - Ⓐ 3,376
    - Ⓑ 3,256
    - Ⓒ 3,276
    - Ⓓ 3,476

10. $\begin{array}{r} 7788 \\ \times\ 9 \\ \hline \end{array}$
    - Ⓐ 71,192
    - Ⓑ 70,192
    - Ⓒ 72,092
    - Ⓓ 70,092

Test Practice 2 ⸙ ⸙ ⸙ ⸙ ⸙ ⸙ ⸙ ⸙ ⸙ ⸙ ⸙

Directions: Fill in the circle for the correct answer to each problem.

1.
$$\begin{array}{r} 56 \\ \times\ 10 \\ \hline \end{array}$$

Ⓐ 56
Ⓑ 506
Ⓒ 560
Ⓓ 5,600

2.
$$\begin{array}{r} 29 \\ \times\ 10 \\ \hline \end{array}$$

Ⓐ 290
Ⓑ 2,900
Ⓒ 209
Ⓓ 29

3.
$$\begin{array}{r} 87 \\ \times\ 10 \\ \hline \end{array}$$

Ⓐ 807
Ⓑ 8,070
Ⓒ 870
Ⓓ 87

4.
$$\begin{array}{r} 73 \\ \times\ 10 \\ \hline \end{array}$$

Ⓐ 703
Ⓑ 7,300
Ⓒ 730
Ⓓ 73

5.
$$\begin{array}{r} 45 \\ \times\ 20 \\ \hline \end{array}$$

Ⓐ 9,000
Ⓑ 960
Ⓒ 90
Ⓓ 900

6. 38 x 40 = _____

Ⓐ 1,540   Ⓒ 3,840
Ⓑ 1,520   Ⓓ 1,208

7. 100 x 44 = _____

Ⓐ 4,040   Ⓒ 4,400
Ⓑ 4,004   Ⓓ 4,410

8. 100 x 36 = _____

Ⓐ 360   Ⓒ 3,060
Ⓑ 3,600   Ⓓ 3,006

9. 57 x 1000 = _____

Ⓐ 5,700   Ⓒ 57,000
Ⓑ 50,700   Ⓓ 50,070

10. 1000 x 49 = _____

Ⓐ 40,900   Ⓒ 4,900
Ⓑ 49,000   Ⓓ 40,090

Test Practice 3 ෨ ෨ ෨ ෨ ෨ ෨ ෨ ෨ ෨ ෨ ෨ ෨

Directions: Fill in the circle for the correct answer to each problem.

1.
$$\begin{array}{r} 33 \\ \times\ 23 \\ \hline \end{array}$$
- Ⓐ 769
- Ⓑ 859
- Ⓒ 3,233
- Ⓓ 759

2.
$$\begin{array}{r} 24 \\ \times\ 22 \\ \hline \end{array}$$
- Ⓐ 538
- Ⓑ 528
- Ⓒ 428
- Ⓓ 2,242

3.
$$\begin{array}{r} 14 \\ \times\ 21 \\ \hline \end{array}$$
- Ⓐ 294
- Ⓑ 2,141
- Ⓒ 284
- Ⓓ 394

4.
$$\begin{array}{r} 59 \\ \times\ 11 \\ \hline \end{array}$$
- Ⓐ 669
- Ⓑ 649
- Ⓒ 749
- Ⓓ 5,191

5.
$$\begin{array}{r} 44 \\ \times\ 12 \\ \hline \end{array}$$
- Ⓐ 548
- Ⓑ 538
- Ⓒ 528
- Ⓓ 4,142

6. 22 x 88 = _____
- Ⓐ 1,946
- Ⓒ 1,936
- Ⓑ 1,996
- Ⓓ 2,936

7. 35 x 42 = _____
- Ⓐ 1,470
- Ⓒ 1,440
- Ⓑ 1,480
- Ⓓ 1,740

8. 87 x 78 = _____
- Ⓐ 6,788
- Ⓒ 6,686
- Ⓑ 6,876
- Ⓓ 6,786

9. 41 x 89 = _____
- Ⓐ 3,648
- Ⓒ 3,649
- Ⓑ 3,469
- Ⓓ 3,964

10. 29 x 17 = _____
- Ⓐ 494
- Ⓒ 943
- Ⓑ 493
- Ⓓ 593

Test Practice 4 ♦ ♦ ♦ ♦ ♦ ♦ ♦ ♦ ♦ ♦ ♦ ♦

Directions: Fill in the circle for the correct answer to each problem.

1.
69
x 53

Ⓐ 3,557

Ⓑ 3,657

Ⓒ 3,027

Ⓓ 3,765

2.
48
x 37

Ⓐ 1,796

Ⓑ 1,767

Ⓒ 1,776

Ⓓ 1,876

3.
77
x 29

Ⓐ 2,233

Ⓑ 2,332

Ⓒ 2,323

Ⓓ 2,333

4.
38
x 43

Ⓐ 1,635

Ⓑ 1,634

Ⓒ 2,634

Ⓓ 1,734

5.
56
x 69

Ⓐ 3,884

Ⓑ 3,764

Ⓒ 3,964

Ⓓ 3,864

6. 82 x 28 = _____

Ⓐ 3,296   Ⓒ 2,296

Ⓑ 2,396   Ⓓ 2,269

7. 17 x 71 = _____

Ⓐ 1,270   Ⓒ 1,720

Ⓑ 1,207   Ⓓ 1,307

8. 39 x 94 = _____

Ⓐ 3,666   Ⓒ 3,676

Ⓑ 3,366   Ⓓ 3,686

9. 44 x 66 = _____

Ⓐ 2,409   Ⓒ 2,049

Ⓑ 3,409   Ⓓ 2,904

10. 33 x 69 = _____

Ⓐ 3,277   Ⓒ 2,772

Ⓑ 2,277   Ⓓ 2,777

Test Practice 5

Directions: Fill in the circle for the correct answer to each problem.

1.
$$\begin{array}{r} 491 \\ \times\ 300 \end{array}$$
Ⓐ 146,300
Ⓑ 148,300
Ⓒ 147,400
Ⓓ 147,300

5.
$$\begin{array}{r} 369 \\ \times\ 123 \end{array}$$
Ⓐ 43,387
Ⓑ 46,387
Ⓒ 45,387
Ⓓ 45,378

2.
$$\begin{array}{r} 347 \\ \times\ 600 \end{array}$$
Ⓐ 208,400
Ⓑ 208,200
Ⓒ 202,800
Ⓓ 206,200

6.
$$\begin{array}{r} 888 \\ \times\ 222 \end{array}$$
Ⓐ 198,136
Ⓑ 197,236
Ⓒ 187,136
Ⓓ 197,136

3.
$$\begin{array}{r} 421 \\ \times\ 243 \end{array}$$
Ⓐ 103,303
Ⓑ 102,303
Ⓒ 203,303
Ⓓ 103,203

7.
$$\begin{array}{r} 451 \\ \times\ 305 \end{array}$$
Ⓐ 137,555
Ⓑ 137,655
Ⓒ 138,555
Ⓓ 147,555

4.
$$\begin{array}{r} 452 \\ \times\ 363 \end{array}$$
Ⓐ 164,276
Ⓑ 164,276
Ⓒ 164,076
Ⓓ 163,076

8.
$$\begin{array}{r} 567 \\ \times\ 650 \end{array}$$
Ⓐ 369,555
Ⓑ 368,450
Ⓒ 368,550
Ⓓ 366,550

Test Practice 6

Directions: Fill in the circle for the correct answer to each problem.

1.
$$\begin{array}{r} 43 \\ \times\ 68 \end{array}$$
Ⓐ 2,424
Ⓑ 2,824
Ⓒ 3,024
Ⓓ 2,924

6.
$$\begin{array}{r} 2091 \\ \times\ 79 \end{array}$$
Ⓐ 166,189
Ⓑ 165,189
Ⓒ 165,289
Ⓓ 165,298

2.
$$\begin{array}{r} 98 \\ \times\ 87 \end{array}$$
Ⓐ 8,525
Ⓑ 8,556
Ⓒ 8,526
Ⓓ 8,626

7.
$$\begin{array}{r} 964 \\ \times\ 328 \end{array}$$
Ⓐ 313,193
Ⓑ 318,192
Ⓒ 316,192
Ⓓ 336,192

3.
$$\begin{array}{r} 679 \\ \times\ 40 \end{array}$$
Ⓐ 27,260
Ⓑ 28,160
Ⓒ 27,060
Ⓓ 27,160

8.
$$\begin{array}{r} 712 \\ \times\ 333 \end{array}$$
Ⓐ 239,196
Ⓑ 237,096
Ⓒ 236,096
Ⓓ 237,196

4.
$$\begin{array}{r} 887 \\ \times\ 60 \end{array}$$
Ⓐ 53,320
Ⓑ 54,220
Ⓒ 54,210
Ⓓ 53,220

9.
$$\begin{array}{r} \$2.34 \\ \times\ 4 \end{array}$$
Ⓐ $9.46
Ⓑ $8.36
Ⓒ $9.56
Ⓓ $9.36

5.
$$\begin{array}{r} 7889 \\ \times\ 44 \end{array}$$
Ⓐ 346,116
Ⓑ 347,116
Ⓒ 346,216
Ⓓ 348,216

10.
$$\begin{array}{r} \$3.45 \\ \times\ 10 \end{array}$$
Ⓐ $34.50
Ⓑ $345.50
Ⓒ $35.40
Ⓓ $304.50

Answer Sheet

Test Practice 1

1. (A) (B) (C) (D)
2. (A) (B) (C) (D)
3. (A) (B) (C) (D)
4. (A) (B) (C) (D)
5. (A) (B) (C) (D)
6. (A) (B) (C) (D)
7. (A) (B) (C) (D)
8. (A) (B) (C) (D)
9. (A) (B) (C) (D)
10. (A) (B) (C) (D)

Test Practice 2

1. (A) (B) (C) (D)
2. (A) (B) (C) (D)
3. (A) (B) (C) (D)
4. (A) (B) (C) (D)
5. (A) (B) (C) (D)
6. (A) (B) (C) (D)
7. (A) (B) (C) (D)
8. (A) (B) (C) (D)
9. (A) (B) (C) (D)
10. (A) (B) (C) (D)

Test Practice 3

1. (A) (B) (C) (D)
2. (A) (B) (C) (D)
3. (A) (B) (C) (D)
4. (A) (B) (C) (D)
5. (A) (B) (C) (D)
6. (A) (B) (C) (D)
7. (A) (B) (C) (D)
8. (A) (B) (C) (D)
9. (A) (B) (C) (D)
10. (A) (B) (C) (D)

Test Practice 4

1. (A) (B) (C) (D)
2. (A) (B) (C) (D)
3. (A) (B) (C) (D)
4. (A) (B) (C) (D)
5. (A) (B) (C) (D)
6. (A) (B) (C) (D)
7. (A) (B) (C) (D)
8. (A) (B) (C) (D)
9. (A) (B) (C) (D)
10. (A) (B) (C) (D)

Test Practice 5

1. (A) (B) (C) (D)
2. (A) (B) (C) (D)
3. (A) (B) (C) (D)
4. (A) (B) (C) (D)
5. (A) (B) (C) (D)
6. (A) (B) (C) (D)
7. (A) (B) (C) (D)
8. (A) (B) (C) (D)

Test Practice 6

1. (A) (B) (C) (D)
2. (A) (B) (C) (D)
3. (A) (B) (C) (D)
4. (A) (B) (C) (D)
5. (A) (B) (C) (D)
6. (A) (B) (C) (D)
7. (A) (B) (C) (D)
8. (A) (B) (C) (D)
9. (A) (B) (C) (D)
10. (A) (B) (C) (D)

Answer Key

Page 4
1. 35
2. 28
3. 24
4. 27
5. 21
6. 30
7. 36
8. 20

Page 5
1. 28
2. 30
3. 20
4. 24
5. 36
6. 35
7. 54
8. 42
9. 18
10. 64
11. 40
12. 44
13. 28
14. 35
15. 48
16. 99

Page 6
1. 15
2. 20
3. 12
4. 4
5. 28
6. 30
7. 9
8. 25
9. 0
10. 18
11. 0
12. 7
13. 8
14. 14
15. 21
16. 10
17. 0
18. 0
19. 10
20. 18
21. 40
22. 45
23. 90
24. 30
25. 36
26. 24
27. 32
28. 21
29. 18
30. 10
31. 0
32. that number

Page 7
1. 30
2. 54
3. 56
4. 14
5. 40

6. 56
7. 81
8. 54
9. 30
10. 18
11. 55
12. 99
13. 48
14. 108
15. 30
16. 60
17. 96
18. 88
19. 132
20. 63
21. 108
22. 72
23. 8
24. 90
25. 72
26. 81
27. 54
28. 99

Page 8
1. 72
2. 35
3. 35
4. 77
5. 66
6. 8
7. 0
8. 54
9. 40
10. 0
11. 30
12. 49
13. 40
14. 63
15. 28
16. 24
17. 30
18. 25
19. 28
20. 72
21. 99
22. 66
23. 60
24. 96
25. 110
26. 54
27. 55
28. 84
29. 72

Page 9
1. 64
2. 40
3. 50
4. 7
5. 80
6. 108
7. 42
8. 49
9. 63
10. 36
11. 40

12. 32
13. 72
14. 96
15. 120
16. 81
17. 56
18. 72
19. 64
20. 9
21. 99
22. 21
23. 0
24. 55
25. 56
26. 0
27. 84
28. 60
29. 18
30. 33
31. 24
32. 54

Page 10
1. 8
2. 9
3. 4
4. 8
5. 11
6. 4
7. 11
8. 6
9. 6
10. 8
11. 5
12. 12
13. 4
14. 8
15. 11
16. 6
17. 5
18. 7
19. 7
20. 4
21. 6
22. 9
23. 8
24. 5
25. 12
26. 9

Page 11
1. 60
2. 40
3. 120
4. 72
5. 90
6. 72
7. 56
8. 144
9. 150
10. 120
11. 240
12. 320
13. 280
14. 70
15. 480

Page 12
1. 28
2. 30
3. 48
4. 66
5. 99
6. 68
7. 208
8. 64
9. 540
10. 288
11. 549
12. 279
13. 99
14. 50
15. 208
16. 639
17. 128
18. 249
19. 68
20. 427
21. 420
22. 360
23. 480
24. 810

Page 13
1. 258
2. 320
3. 125
4. 245
5. 390
6. 333
7. 528
8. 72
9. 539
10. 279
11. 462
12. 783
13. 376
14. 801
15. 112
16. 392
17. 231
18. 891
19. 455
20. 308

Page 14
1. 801
2. 679
3. 584
4. 177
5. 322
6. 228
7. 76
8. 171
9. 728
10. 549
11. 410
12. 438
13. 324
14. 609
15. 380
16. 304
17. 396
18. 704

19. 275
20. 99
21. 747
22. 512

Page 15
1. 3,801
2. 1,404
3. 870
4. 4,930
5. 2,338
6. 3,044
7. 2,165
8. 5,586
9. 7,038
10. 3,642
11. 6,363
12. 4,956
13. 5,656
14. 915
15. 5,436
16. 4,936
17. 3,735
18. 1,570

Page 16
1. 996
2. 2,872
3. 3,871
4. 888
5. 1,776
6. 2,664
7. 4,830
8. 4,920
9. 678
10. 999
11. 1,998
12. 2,997
13. 8,991
14. 7,104
15. 4,963
16. 4,235

Page 17
1. 36,256
2. 38,270
3. 10,425
4. 23,352
5. 9,380
6. 61,901
7. 20,064
8. 26,598
9. 26,004
10. 20,065
11. 45,672
12. 54,630
13. 17,776
14. 27,775
15. 39,996
16. 54,439

Page 18
1. 430
2. 250
3. 320
4. 170
5. 760
6. 190
7. 480

8. 960
9. 400
10. 600
11. 900
12. 800
13. 650
14. 860
15. 530
16. 290
17. 760
18. 180
19. 770
20. 990
21. 790
22. 690
23. 730
24. 380

Page 19
1. 1,260
2. 720
3. 600
4. 620
5. 380
6. 2,190
7. 1,320
8. 1,720
9. 2,200
10. 1,440
11. 660
12. 4,260
13. 810
14. 5,040
15. 1,800
16. 4,980
17. 3,480
18. 1,560
19. 1,440
20. 2,590
21. 1,760
22. 2,970
23. 1,600
24. 2,000

Page 20
1. 2,330
2. 5,430
3. 9,730
4. 6,510
5. 7,650
6. 4,390
7. 4,430
8. 2,660
9. 8,000
10. 5,000
11. 9,000
12. 3,000
13. 3,600
14. 4,500
15. 1,900
16. 8,700
17. 3,160
18. 8,070
19. 4,000
20. 9,300

Answer Key

Page 21
1. 16,920
2. 11,550
3. 19,260
4. 3,480
5. 20,440
6. 9,510
7. 16,760
8. 33,280
9. 40,000
10. 36,000
11. 16,000
12. 27,000
13. 15,270
14. 49,560
15. 56,280
16. 36,360
17. 12,900
18. 26,800
19. 39,200
20. 36,000

Page 22
1. 24,000
2. 1,500
   15,000
3. 1,800
   36,000
4. 2,000
   40,000
5. 56,000
6. 144,000
7. 189,000
8. 252,000
9. 504,000
10. 504,000

Page 23
1. 3,400
2. 1,700
3. 2,800
4. 1,400
5. 1,900
6. 6,600
7. 1,300
8. 7,100
9. 30,000
10. 90,000
11. 50,000
12. 70,000
13. 38,100
14. 64,800
15. 81,700
16. 91,100
17. 22,200
18. 44,400
19. 66,600
20. 88,800
21. 506,000
22. 716,000
23. 160,000
24. 280,000

Page 24
1. 19,000
2. 33,000
3. 27,000
4. 24,000
5. 68,000
6. 44,000
7. 712,000
8. 282,000
9. 654,000
10. 800,000
11. 700,000
12. 307,000
13. 3,311,000
14. 2,078,000
15. 4,090,000
16. 4,556,000

Page 25
1. 483
2. 319
3. 168
4. 264
5. 1,547
6. 3,168
7. 1,696
8. 946
9. 1,160
10. 3,920
11. 4,740
12. 2,250
13. 3,479
14. 3,608
15. 2,108
16. 7,189
17. 726
18. 847
19. 902
20. 2,989

Page 26
1. 8,019
2. 616
3. 1,659
4. 429
5. 528
6. 627
7. 3,168
8. 748
9. 759
10. 1,798
11. 2,288
12. 2,409
13. 4,488
14. 5,467
15. 429
16. 968
17. 979
18. 4,140

Page 27
1. 2,862
2. 900
3. 2,592
4. 1,127
5. 1,242
6. 4,028
7. 1,943
8. 3,510
9. 1,288
10. 6,264
11. 1,729
12. 2,916
13. 8,722
14. 1,462
15. 4,275
16. 1,300
17. 1,288
18. 5,226

Page 28
1. 1,537
2. 2,242
3. 1,904
4. 1,387
5. 5,481
6. 3,588
7. 2,436
8. 5,022
9. 891
10. 3,591
11. 1,452
12. 1,411
13. 2,940
14. 6,080
15. 3,540
16. 580
17. 4,185
18. 3,042

Page 29
1. 33,069
2. 5,922
3. 1,598
4. 864
5. 4,606
6. 2,701
7. 4,930
8. 1,944
9. 1,615
10. 2,128
11. 666
12. 4,094
13. 7,546
14. 4,104
15. 3,225
16. 2,368
17. 3,591
18. 6,384

Page 30
1. 6,642
2. 7,872
3. 20,930
4. 12,420
5. 32,253
6. 54,873
7. 20,826
8. 35,568
9. 37,968
10. 21,978
11. 29,304
12. 34,188
13. 24,843
14. 46,516
15. 15,238

Page 31
1. 8,328
2. 15,606
3. 13,650
4. 19,906
5. 40,095
6. 6,487
7. 12,896
8. 33,276
9. 6,867
10. 30,800
11. 14,000
12. 8,100
13. 42,330
14. 53,010
15. 31,680

Page 32
1. 1,800
2. 792 pennies
3. 632
4. 3,430
5. 2,760 quarters
6. 7,161
7. 833 cards
8. 5,092
9. 6,764
10. 4,446
11. 6,699

Page 33
1. 96 sq. ft.
2. 195 sq. yd.
3. 192 sq. m
4. 480 sq. in.
5. 840 sq. m
6. 270,000 sq. cm

Page 34
1. 199,272
2. 151,480
3. 311,136
4. 174,528
5. 144,690
6. 55,752
7. 51,865
8. 147,378
9. 245,850
10. 200,895
11. 516,028
12. 201,852
13. 117,300
14. 360,640
15. 792,990

Page 35
1. 340,746
2. 413,029
3. 674,550
4. 213,312
5. 479,952
6. 179,982
7. 654,126
8. 388,168
9. 425,315
10. 360,984
11. 475,566
12. 338,296
13. 223,100
14. 387,000
15. 687,300

Page 36
1. 70,500
2. 82,200
3. 133,600
4. 74,340
5. 109,820
6. 154,230
7. 201,852
8. 84,078
9. 122,985
10. 87,117
11. 199,014
12. 593,610
13. 78,050
14. 622,380
15. 360,450

Page 37
1. 124,206
2. 345,639
3. 516,384
4. 240,018
5. 439,611
6. 482,024
7. 335,580
8. 254,240
9. 130,050
10. 465,913
11. 540,592
12. 496,872

Page 38
1. 1,511,755
2. 1,456,785
3. 2,346,303
4. 2,142,524
5. 5,131,203
6. 2,186,694
7. 1,242,140
8. 3,370,500
9. 7,551,060
10. 4,408,661
11. 2,490,540
12. 6,243,900

Page 39
1. $13.86
2. $16.45
3. $41.04
4. $47.07
5. $69.93
6. $39.90
7. $98.70
8. $45.90
9. $69.90
10. $137.10
11. $303.60
12. $263.70
13. $104,750.10
14. $3,191,670.86

Page 40
1. C
2. D
3. B
4. A
5. C
6. B
7. D
8. A
9. C
10. D

Page 41
1. C
2. A
3. C
4. C
5. D
6. B
7. C
8. B
9. C
10. B

Page 42
1. D
2. B
3. A
4. B
5. C
6. C
7. A
8. D
9. C
10. B

Page 43
1. B
2. C
3. A
4. B
5. D
6. C
7. B
8. A
9. D
10. B

Page 44
1. D
2. B
3. B
4. C
5. C
6. D
7. A
8. C

Page 45
1. D
2. C
3. D
4. D
5. B
6. B
7. C
8. B
9. D
10. A